どっちを選ぶ？クイズで学ぶ！

こども防犯《ぼうはん》サバイバル

全《ぜん》3巻《かん》 内容《ないよう》説明《せつめい》

1 下《げ》校《こう》・留《る》守《す》番《ばん》

・家《いえ》のカギのもち方《かた》で
一番《いちばん》いいのはどれかな？

・知《し》らないおじさんが「駅《えき》まで連《つ》れて
いって」といってきた。どうしよう？

・だれもいない家《いえ》。
入《はい》るときにやるべきことって？

・留《る》守《す》番中《ばんちゅう》にインターホンが鳴《な》った！
どうしよう？　など

2 お出《で》かけ・外《そと》遊《あそ》び

・公園《こうえん》で遊《あそ》ぶ場所《ばしょ》。
安心《あんしん》なのはどっち？

・遊《あそ》んでいたら、トイレに
いきたくなった。どうしよう？

・ショッピングモールで
注意《ちゅうい》したほうがいい場所《ばしょ》はどこ？

・家《いえ》に帰《かえ》るのがおそくなっちゃった。
どんな道《みち》で帰《かえ》るのがいい？　など

3 スマホ・SNS《エスエヌエス》

・写真《しゃしん》をSNS《エスエヌエス》に投稿《とうこう》したい！
アップしてはいけないものは？

・SNS《エスエヌエス》で悩《なや》みを聞《き》いてくれるおねえさん。
じっさいに会《あ》ってもいい？

・買《か》ったマンガ。みんなに見《み》せるために
写真《しゃしん》にとって投稿《とうこう》してもいいの？

・動画《どうが》の再生《さいせい》ボタンをクリックしたら
お金《かね》を請求《せいきゅう》された！ どうしよう？　など

どっちを選《えら》ぶ？クイズで学《まな》ぶ！

こども防《ぼう》犯《はん》サバイバル

3 スマホ・S《エス》N《エヌ》S《エス》

監修　国崎信江
（危機管理教育研究所代表）
イラスト　ナガラヨリ

日本図書センター

はじめに

　スマホやSNS《エスエヌエス》は、生活《せいかつ》を豊《ゆた》かにしてくれるとても便利《べんり》なものです。友《とも》だちとやりとりをしたり、動画《どうが》を楽《たの》しんだり、みなさんにとっても、身近《みぢか》で親《した》しみのある存在《そんざい》なのではないでしょうか？　そんなスマホやSNS《エスエヌエス》ですが、使《つか》うときには注《ちゅう》意《い》が必要《ひつよう》です。なぜなら、それらが原因《げんいん》で、こどもたちにさまざまな事件《じけん》がおこっているからです。それは、SNS《エスエヌエス》で知《し》りあった人《ひと》から危害《きがい》をくわえられたという、こどもが被害者《ひがいしゃ》になる事件《じけん》もあれば、悪質《あくしつ》な動画投稿《どうがとうこう》によって、たくさんの人《ひと》に迷惑《めいわく》をかけてしまったという、こどもが加害者《かがいしゃ》になる事件《じけん》もあります。

　この本《ほん》に登場《とうじょう》する2人《ふたり》の主人公《しゅじんこう》にも、個人情報《こじんじょうほう》の流出《りゅうしゅつ》、SNS《エスエヌエス》による誘《さそ》い出《だ》し、著作権《ちょさくけん》の侵害《しんがい》、悪質動画《あくしつどうが》による炎上《えんじょう》など、スマホやSNS《エスエヌエス》に関係《かんけい》するさまざまな危険《きけん》がせまります。なにが正《ただ》しいのか、どのような行動《こうどう》をとればいいのか、みなさんも2人《ふたり》といっしょに考《かんが》えてみてください。

　この本《ほん》を読《よ》んで、正《ただ》しいスマホやSNS《エスエヌエス》の知識《ちしき》を身《み》につけておけば、自分《じぶん》が被害者《ひがいしゃ》になることだけではなく、加害者《かがいしゃ》になることも遠《とお》ざけ、大切《たいせつ》な自分《じぶん》を守《まも》ることができるようになります。この本《ほん》がみなさんの身《み》と心《こころ》の安全《あんぜん》に少《すこ》しでも役立《やくだ》つことを祈《いの》っています。

危機管理教育研究所代表《ききかんりきょういくけんきゅうじょだいひょう》　国崎信江《くにざきのぶえ》

この本《ほん》の見方《みかた》

防犯《ぼうはん》の知識《ちしき》や、危険《きけん》がせまったときの正《ただ》しい行動《こうどう》をクイズにしているよ。

問題《もんだい》のむずかしさを３段階《だんかい》で表示《ひょうじ》しているよ。

問題《もんだい》の答《こた》えをイラストとともに紹介《しょうかい》するよ。

問題《もんだい》
1
SNS《エスエヌエス》のアカウントをつくるぞ！
パスワードはどんなのがいいかな？
むずかしさ★★★
ニャイン
アカウントを登録《とうろく》
パスワードを決《き》めてください
うーん どうしよう？
A かんたんでおぼえやすいもの
名前（ヒマリ）と誕生日（12月14日）を組みあわせて！
パスワード
Himari 1214
B ふくざつでおぼえにくいもの
アルファベット、数字《すうじ》、記号《きごう》を組《く》みあわせて！
A B C 1 2 3 % &
パスワード
B1C4%3A&2
10
★自分《じぶん》と関係《かんけい》ない文字《もじ》
★できるだけ8文字《もじ》以上《いじょう》に
★大文字《おおもじ》・小文字《こもじ》・数字《すうじ》・記号《きごう》を組《く》みあわせる
ニャイン
アカウントを登録《とうろく》
パスワードを決《き》めてください
B1C4%3A&2
答《こた》え
B
ふくざつでおぼえにくいもの
おぼえやすいものはやめておこう
SNS《エスエヌエス》を始《はじ》めるときは、自分《じぶん》のアカウントをつくる必要《ひつよう》があるよ。アカウントとはSNS《エスエヌエス》を利用《りよう》する権利《けんり》のことで、つくるときにはパスワードを設定《せってい》しなくてはいけないんだ。このパスワードが他人《たにん》に知《し》られたら、自分《じぶん》のアカウントを乗《の》っとられてしまうおそれがある。だから、パスワードは見破《みやぶ》られにくい記号《きごう》や数字《すうじ》を混《ま》ぜたふくざつなものにしよう。名前《なまえ》や誕生日《たんじょうび》など、おぼえやすいものだと、他人《たにん》に見破《みやぶ》られる危険《きけん》が高《たか》くなるよ。
忘《わす》れないようにパスワードは紙《かみ》にメモしておこう！
クイズ深掘り！
アカリ
あんたなんてだーいきらい！
なんでそんなこというの！ひどい！
アカウントが乗《の》っとられたら
SNS《エスエヌエス》のアカウントが乗《の》っとられると、たいへんなことになるよ。乗《の》っとった人《ひと》がきみになりすまして、勝手《かって》に投稿《とうこう》できるようになるからね。きみの友《とも》だちに悪口《わるぐち》を送《おく》ったり、詐欺《さぎ》メッセージを送《おく》ったり、いろいろ悪《わる》いことに使《つか》われてしまうかもしれないんだ。
11

問題《もんだい》の選択肢《せんたくし》だよ。どちらが正《ただ》しいか自分《じぶん》で考《かん》えてみよう。

答《こた》えについてくわしく説明《せつめい》しているよ。

問題《もんだい》に関係《かんけい》することがらを紹介《しょうかい》するコラムだよ。

ヒマリ

この本《ほん》の主人公《しゅじんこう》の1人《ひとり》。スマホを使《つか》い始《はじ》めたばかりの女《おんな》の子《こ》。

アサヒ

この本《ほん》の主人公《しゅじんこう》の1人《ひとり》。ヒマリの同級生《どうきゅうせい》でスマホが大好《だいす》きな男《おとこ》の子《こ》。

サバイバルマスター

防犯《ぼうはん》について知《し》りつくしたアドバイザー。

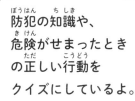

もくじ

プロローグ　スマホって、こわいもの？

キャハハハ
ヒマリ！
この動画《どうが》おもしろいよ
どれどれ
ほらっ！
アハハハ
なにこれうけるー！
やっぱりスマホって楽《たの》しー！
パパとママにお願《ねが》いして
買《か》ってもらってよかった！
ハハハ
ヒマリは
おおげさだな～
わたしの
宝物《たからもの》

そうそう
クラスのみんなとやっているSNS《エスエヌエス》があるんだけど、ヒマリもやらない?
ポチ ポチ
え、どんなの?
みんなでおしゃべりを楽《たの》しめるグループチャットができるんだよ
駅前《えきまえ》にジェラート屋《や》さんできてたよ!
ほんとに!食《た》べたーい!
明日《あした》いこうよ何時《なんじ》に集合《しゅうごう》する?
おもしろいことがあったらすぐにみんなに伝《つた》えられるし、待《ま》ちあわせするときだってべんりだよ
!
ずいっ
わたしもやる!
わっ
いってきまーす!
わかった、わかった後《あと》でダウンロードのしかた、教《おし》えるよ
今《いま》、教《おし》えて!
トントン

あら、アサヒってば まーたスマホ いじってるの
2人《ふたり》とも スマホの使《つか》い方《かた》には 気《き》をつけなさいよ
?
とくにSNS《エスエヌエス》は こどもが犯罪《はんざい》にまきこまれる事件《じけん》も たくさんおきてるんだから…
連《つ》れさり
詐欺《さぎ》
請求書
¥50,000-
写真《しゃしん》流出《りゅうしゅつ》
小学生特集
なんで わたしの写真《しゃしん》が!?
炎上《えんじょう》
通報《つうほう》!!
犯罪《はんざい》!!
迷惑《めいわく》!!
お母《かあ》さん またその話《はなし》
ジトーー

ほんとに
気《き》をつけなさいよ
にゅっ
だいじょうぶ！
わかってるよ
ゾーーッ
うちのママも
注意《ちゅうい》しなさいって
いってたんだよね
ぎゅ…
わたし、まだ
スマホに慣《な》れてないから
気《き》をつけてやんなきゃ！
うん
でも、注意《ちゅうい》すれば
だいじょうぶさ
それじゃ、さっきのSNS《エスエヌエス》の
ダウンロードのしかたを
教《おし》えてやるよ
ありがとう
よーし！
わたしも
SNS《エスエヌエス》デビュー
するぞ！

問題《もんだい》 1 SNS《エスエヌエス》のアカウントをつくるぞ！ パスワードはどんなのがいいかな？

むずかしさ★★★

ウーん どうしよう？
ニャイン
アカウントを
登録《とうろく》
パスワードを
決《き》めてください

A かんたんで おぼえやすいもの

B ふくざつで おぼえにくいもの

名前《なまえ》（ヒマリ）と誕生日《たんじょうび》（12月《がつ》14日《か》）を組《く》みあわせて！
パスワード
Himari1214

アルファベット、数字《すうじ》、記号《きごう》を組《く》みあわせて！
A B C 1 2 3 & %
パスワード
B1C4%3A&2

答《こた》え B

ふくざつでおぼえにくいもの

★自分《じぶん》と関係《かんけい》ない文字《もじ》
★できるだけ8文字《もじ》以上《いじょう》に
★大文字《おおもじ》・小文字《こもじ》・数字《すうじ》・記号《きごう》を組《く》みあわせる
ニャイン
アカウントを登録《とうろく》
パスワードを決《き》めてください
B1C4%3A&2

おぼえやすいものはやめておこう

SNS《エスエヌエス》を始《はじ》めるときは、自分《じぶん》のアカウントをつくる必要《ひつよう》があるよ。アカウントとはSNS《エスエヌエス》を利用《りよう》する権利《けんり》のことで、つくるときにはパスワードを設定《せってい》しなくてはいけないんだ。このパスワードが他人《たにん》に知《し》られたら、自分《じぶん》のアカウントを乗《の》っとられてしまうおそれがある。だから、パスワードは見破《みやぶ》られにくい記号《きごう》や数字《すうじ》を混《ま》ぜたふくざつなものにしよう。名前《なまえ》や誕生日《たんじょうび》など、おぼえやすいものだと、他人《たにん》に見破《みやぶ》られる危険《きけん》が高《たか》くなるよ。

忘《わす》れないようにパスワードは紙《かみ》にメモしておこう！

クイズ深《ふか》掘《ぼ》り！

アカリ
あんたなんてだーいきらい！
なんでそんなこというの！ひどい！

アカウントが乗《の》っとられたら

SNS《エスエヌエス》のアカウントが乗《の》っとられると、たいへんなことになるよ。乗《の》っとった人《ひと》がきみになりすまして、勝手《かって》に投稿《とうこう》できるようになるからね。きみの友《とも》だちに悪口《わるぐち》を送《おく》ったり、詐欺《さぎ》メッセージを送《おく》ったり、いろいろ悪《わる》いことに使《つか》われてしまうかもしれないんだ。

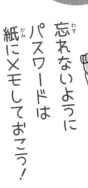

問題《もんだい》 2

SNS《エスエヌエス》のプロフィール。書《か》かないほうがいいものって？

むずかしさ★★★

A 自分《じぶん》の名前《なまえ》

B 自分《じぶん》の好《す》きなもの

この子《こ》
サトウヒマリって
いうのか
ヒヒヒ
ちょっと
調《しら》べて
みるか…
プロフィール
名前《なまえ》は
サトウヒマリ

答《こた》え

A 自《じ》分《ぶん》の名《な》前《まえ》

個人情報《こじんじょうほう》を書《か》くのはとても危険《きけん》

名前《なまえ》や年《ねん》れい、住所《じゅうしょ》、電話番号《でんわばんごう》、メールアドレス、生年月日《せいねんがっぴ》などは、きみの個人情報《こじんじょうほう》だよ。個人情報《こじんじょうほう》は、その人《ひと》だと特定《とくてい》できる重要《じゅうよう》な情報《じょうほう》だから、むやみに他人《たにん》に教《おし》えてはいけないんだ。

SNS《エスエヌエス》に個人情報《こじんじょうほう》を書《か》くと、だれでもそれを見《み》られるようになる。もし悪《わる》い人《ひと》がきみの個人情報《こじんじょうほう》を見《み》たら、そこからきみを特《とく》定《てい》し、犯罪《はんざい》の標的《ひょうてき》にする可能性《かのうせい》だってあるんだ。SNS《エスエヌエス》に個人情《こじんじょう》報《ほう》を書《か》くことは、それほど危険《きけん》なことなんだよ。

SNS《エスエヌエス》では本名《ほんみょう》を名乗《なの》らず、ニックネームを使《つか》おう！

クイズ深掘《ふかぼ》り！

イケてる小《しょう》5さん
友《とも》だち募集中《ぼしゅうちゅう》！
なんでわたしの顔《かお》が？

アイコンを顔写真《かおじゃしん》にしない

SNS《エスエヌエス》のアイコンを自分《じぶん》の顔写真《かおじゃしん》にしていると、より身元《みもと》がばれやすくなって、犯罪《はんざい》にもあいやすくなるよ。それに、その写真《しゃしん》を他人《たにん》が勝手《かって》にコピーして、きみになりすまし、悪《わる》いことに使《つか》う可能性《かのうせい》だってあるんだ。自分《じぶん》の写真《しゃしん》も大事《だいじ》な個《こ》人情報《じんじょうほう》の1つ。アイコンに使《つか》うのはやめよう。

問題《もんだい》 3

写真《しゃしん》をSNS《エスエヌエス》に投稿《とうこう》したい！
アップしてはいけないものは？

むずかしさ★★★

A 通《かよ》っている学校《がっこう》

B 最寄《もよ》り駅《えき》

A～Eから正《ただ》しいものをすべて選《えら》んでね

C 家《いえ》の窓《まど》からの風景《ふうけい》

D 家《いえ》のペット

E 届《とど》いた年賀状《ねんがじょう》

答《こた》え
A・B・C・E

通《かよ》っている学校《がっこう》、最寄《もよ》り駅《えき》、家《いえ》の窓《まど》からの風景《ふうけい》、届《とど》いた年賀状《ねんがじょう》

さまざまなものが個人情報《こじんじょうほう》になる

写真《しゃしん》にはSNS《エスエヌエス》に投稿《とうこう》していいものと、いけないものがあるよ。通《かよ》っている学校《がっこう》は個人情報《こじんじょうほう》の1つ。本人《ほんにん》だと特定《とくてい》しやすくするよ。最寄《もよ》り駅《えき》や、家《いえ》の窓《まど》からの風景《ふうけい》も投稿《とうこう》してはダメ。写《うつ》っているものから、住《す》んでいる地域《ちいき》がばれることもあるんだ。届《とど》いた年賀状《ねんがじょう》には、名前《なまえ》や住所《じゅうしょ》が書《か》かれているから一番危険《いちばんきけん》だよ。

このように写真《しゃしん》には、いろんな個人情報《こじんじょうほう》がふくまれていることがある。だから、投稿《とうこう》する前《まえ》は写真《しゃしん》の中身《なかみ》も十分確認《じゅうぶんかくにん》しよう。

クイズ深掘《ふかぼ》り！

写真《しゃしん》を投稿《とうこう》するときは加工《かこう》する

写真《しゃしん》に個人情報《こじんじょうほう》が写《うつ》っているときは、投稿前《とうこうまえ》にアプリなどで加工《かこう》するようにしよう。

スタンプで顔《かお》をかくしたり、背景《はいけい》にモザイクをかけたり、見《み》せたくないところを黒《くろ》くぬりつぶしたりすれば、写真《しゃしん》から大事《だいじ》な情報《じょうほう》がもれるのを防《ふせ》ぐことができるよ。

ほかにもある写真《しゃしん》の落《お》とし穴《あな》

SNS《エスエヌエス》に投稿《とうこう》しようと思《おも》っている写真《しゃしん》。そこには、ちょっと見《み》ただけでは気《き》づけない、大事《だいじ》な情報《じょうほう》が写《うつ》りこんでいることもよくあるんだ。ここでは、投稿《とうこう》するときに気《き》をつけておきたい写真《しゃしん》の落《お》とし穴《あな》を紹介《しょうかい》するよ。おぼえておこう。

写真《しゃしん》に写《うつ》りこむと危険《きけん》なもの

電信柱《でんしんばしら》

電信柱《でんしんばしら》には注意《ちゅうい》が必要《ひつよう》だよ。住所《じゅうしょ》の書《か》かれた表示板《ひょうじばん》や、近《ちか》くのお店《みせ》の広告《こうこく》がはられていることが多《おお》いから、その場所《ばしょ》がわかってしまうんだ。こんな写真《しゃしん》を投稿《とうこう》していると、きみの行動範囲《こうどうはんい》がばれることもあるよ。

カーブミラー

カーブミラーは問題《もんだい》なさそうに思《おも》えるけど、じつはそうじゃないよ。鏡《かがみ》のところをアップにしてみると、そこにお店《みせ》や看板《かんばん》が写《うつ》りこんでいることがある。それが手《て》がかりとなって、場所《ばしょ》が特定《とくてい》されることもあるんだ。

時計《とけい》

写真《しゃしん》に時計《とけい》が写《うつ》っていたら、きみがいつどこにいたか、わかるよね。だから、公園《こうえん》の時《と》計塔《けいとう》など、場所《ばしょ》と時間《じかん》がわかる写真《しゃしん》を投稿《とうこう》していると、きみの行動《こうどう》パターンをつかむヒントになってしまうよ。時計《とけい》にも注意《ちゅうい》しよう。

問題《もんだい》4 動画《どうが》と写真《しゃしん》。個人情報《こじんじょうほう》がもれやすいのはどっち？

むずかしさ★★★

A 動画《どうが》

B 写真《しゃしん》

答《こた》え
A
動画《どうが》

動画《どうが》には多《おお》くの情報《じょうほう》が映《うつ》りこむ

動画《どうが》は写真《しゃしん》とくらべて、個人情報《こじんじょうほう》がもれやすいよ。一瞬《いっしゅん》の風《ふう》景《けい》をおさめる写真《しゃしん》とちがい、映《うつ》る範囲《はんい》が広《ひろ》い動画《どうが》には、たくさんの情報《じょうほう》がつまっているからね。さらに、音《おと》が入《はい》っていることも動画《どうが》ならではの注意点《ちゅういてん》。しゃべった言葉《ことば》やまわりの音《おと》が映像《えいぞう》と組《く》みあわさることで、より人《ひと》や場所《ばしょ》を特定《とくてい》しやすくするんだ。

悪《わる》い人《ひと》はどんな小《ちい》さな情報《じょうほう》も見逃《みのが》さない。だから、動画《どうが》を投《とう》稿《こう》するときは、細心《さいしん》の注意《ちゅうい》をはらう必要《ひつよう》があるんだよ。

動画《どうが》を投稿《とうこう》するときは音《おと》にも十分《じゅうぶん》気《き》をつけよう！

クイズ深《ふか》掘《ぼ》り！

投稿《とうこう》するタイミングにも注意《ちゅうい》

外出先《がいしゅつさき》で楽《たの》しいことがあったときなどは、そのこうふんをだれかに知《し》らせたくなるよね。でも、SNS《エスエヌエス》ですぐに投稿《とうこう》するのは危険《きけん》だよ。もし悪《わる》い人《ひと》が近《ちか》くにいたら、犯罪《はんざい》のターゲットになってしまうこともあるからね。投稿《とうこう》は時間《じかん》をおいてからおこなったほうが安全《あんぜん》だよ。

問題《もんだい》 5

SNS《エスエヌエス》で知《し》りあった人《ひと》から「写真《しゃしん》を送《おく》って」といわれた！ どうしよう？

むずかしさ★★★

写真《しゃしん》かー
どうしよう
ナオヤ
どんな顔《かお》なの
写真《しゃしん》を
送《おく》ってみて

A 送《おく》る

B 送《おく》らない

写真を
送《おく》ってみて
いいよ

写真を
送《おく》ってみて
ごめんね
写真《しゃしん》は
送《おく》れないんだ

答《こた》え
B
送《おく》らない

よく知《し》らない人《ひと》に写真《しゃしん》を送《おく》るのは危険《きけん》

SNS《エスエヌエス》でやりとりしていると、「趣味《しゅみ》が同《おな》じ」「年《ねん》れいが近《ちか》い」といった理由《りゆう》で、なかよくなる人《ひと》がいるかもしれないね。でも、そんな人《ひと》から「写真《しゃしん》を送《おく》って」といわれても、けっして送《おく》ってはいけないよ。じつは悪《わる》い人《ひと》で、写真《しゃしん》を悪用《あくよう》するかもしれないからね。それに一度《いちど》送《おく》ると、要求《ようきゅう》がエスカレートして、「はだかの写《しゃ》真《しん》を送《おく》れ！」など、こわいことをいわれるおそれもある。SNS《エスエヌエス》でしか、つながりがない人《ひと》に、写真《しゃしん》を送《おく》るのは絶対《ぜったい》にやめよう。

なにがあっても、自分《じぶん》の写真《しゃしん》は送《おく》らないこと！

クイズ深《ふか》掘《ぼ》り！

年《ねん》れいや性別《せいべつ》にだまされない

相手《あいて》が自分《じぶん》と同《おな》じ年《ねん》れいや性別《せいべつ》だと、つい安心《あんしん》して、自分《じぶん》の写真《しゃしん》を送《おく》ってしまいそうになるかもしれない。でもSNS《エスエヌエス》のプロフィールは、かんたんにうそが書《か》けるから、相手《あいて》の年《ねん》れいも性別《せいべつ》も顔写真《かおじゃしん》も、全部《ぜんぶ》うその可能性《かのうせい》があるんだ。だまされないように気《き》をつけよう。

問題《もんだい》6 SNS《エスエヌエス》で悩《なや》みを聞《き》いてくれるおねえさん。じっさいに会《あ》ってもいい？

むずかしさ★★★

今度《こんど》の日曜日《にちようび》
いっしょにショッピングにいかない？
あなたに似合《にあ》う服《ふく》
選《えら》んであげるわ

A 会《あ》ってはダメ

B やさしい人《ひと》ならOK《オーケー》

ちっ
なんだよ!
ごめんなさい
会《あ》うのは
やめておきます

答《こた》え

A 会《あ》ってはダメ

相手《あいて》が悪《わる》い人《ひと》の可能性《かのうせい》がある

自分《じぶん》の悩《なや》みを聞《き》いてくれたり、親切《しんせつ》にしてくれたり、そんなやさしい人《ひと》にさそわれたら、会《あ》ってみたくなるかもしれないね。でも、絶対《ぜったい》に会《あ》ってはいけないよ。なぜなら、SNS《エスエヌエス》のプロフィールは信用《しんよう》できないし、やさしく親切《しんせつ》にしてくれているのも、じつは、きみをさそい出《だ》すための演技《えんぎ》かもしれないからね。

じっさいに会《あ》うと、ぜんぜんちがう人《ひと》があらわれて、犯罪《はんざい》に巻《ま》きこまれるおそれがあるよ。だから、絶対《ぜったい》に会《あ》うのはやめよう。

悪《わる》い人《ひと》は、きみがだまされるのを待《ま》っているぞ!

クイズ深《ふか》掘《ぼ》り!

命《いのち》の危険《きけん》につながる場合《ばあい》も

こどもがSNS《エスエヌエス》で知《し》りあった人《ひと》とじっさいに会《あ》って、犯罪《はんざい》の被害《ひがい》にあったという事件《じけん》は多《おお》いよ。なかにはゆうかいされたり、命《いのち》をうばわれたりという重大《じゅうだい》な事件《じけん》もおこっているんだ。

相手《あいて》に会《あ》うということは、命《いのち》の危険《きけん》につながりかねないということをおぼえておこう。

問題《もんだい》 7

友《とも》だち限定《げんてい》のグループチャット。ここならなんでも話《はな》していい？

むずかしさ★★★

A 話《はな》していい

B 話《はな》してはダメ

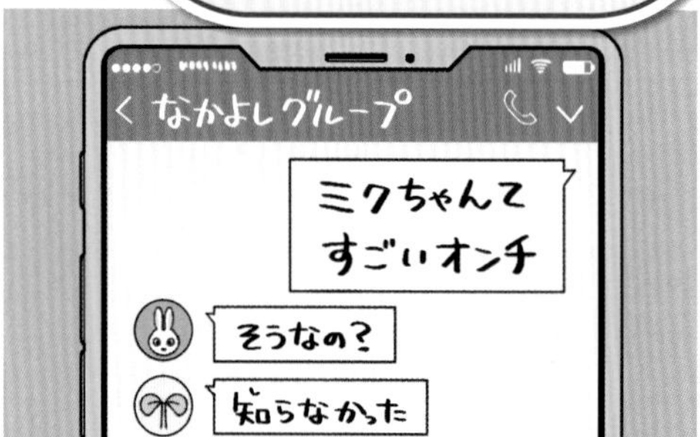

答《こた》え B
話《はな》してはダメ

会話《かいわ》がグループの外《そと》にもれることも

友《とも》だち限定《げんてい》だからといって、なかよしの人《ひと》しか会話《かいわ》を見《み》ていないと思《おも》ったら大《おお》まちがいだよ。グループのだれかが、べつの場所《ばしょ》で話《はな》したり、グループチャットの画面《がめん》を見《み》せたりすれば、かんたんに、ほかの人《ひと》にも知《し》られてしまうよ。

だから、グループチャットということばに安心《あんしん》して、なんでも話《はな》してはダメなんだ。どこかで話《はなし》がもれるおそれがあるから、悪口《わるぐち》やうわさ話《ばなし》なんかをすると、トラブルがおきてしまうよ。

クイズ深《ふか》掘《ぼ》り！

スクリーンショットでもれることも

グループチャットの会話《かいわ》は、そのやりとりをスクリーンショットでグループ外《がい》の人《ひと》に送《おく》ることでも、もれてしまうよ。しかも、スクリーンショットの場合《ばあい》は、それをSNS《エスエヌエス》に投稿《とうこう》することもできるから、すぐにたくさんの人《ひと》へ広《ひろ》まってしまう危険《きけん》もあるんだ。

問題《もんだい》 8 SNS《エスエヌエス》で有名人《ゆうめいじん》のひみつを知《し》っちゃった！ みんなに広《ひろ》めたいけど、どうしよう？

むずかしさ★★★

え、あの アイドルが？
ものしり先生《せんせい》
@monoshirisensei
アイドル〇〇が 中学生《ちゅうがくせい》のときいじめをしていた！

A 広《ひろ》める

B 広《ひろ》めない

みんなに 教《おし》えよう
拡散《かくさん》！

ほんと かな…
う〜ん

うそを
広《ひろ》めないで
うそかも
しれないし
広《ひろ》めるのは
やめておこう

答《こた》え

B

広《ひろ》めない

ネットの情報《じょうほう》は事実《じじつ》とは限《かぎ》らない

SNS《エスエヌエス》やネットで見《み》かける情報《じょうほう》は、本当《ほんとう》かどうかわからないことが多《おお》いよ。だれでも自由《じゆう》に書《か》けるから、だれかがうそをついたり、まちがった情報《じょうほう》を書《か》いたりしていることもあるんだ。それを真《ま》に受《う》けて友《とも》だちに教《おし》えたり、拡散《かくさん》したりすると、きみもデマを広《ひろ》げていることになる。それはだれかをきずつけることになるし、場合《ばあい》によっては法律違反《ほうりついはん》にもなるんだ。SNS《エスエヌエス》やネットの情報《じょうほう》は、すぐに信《しん》じないで、一度《いちど》うたがってみるようにしよう。

人《ひと》に伝《つた》える前《まえ》に、本当《ほんとう》かどうかよく考《かんが》えよう！

クイズ深掘《ふかぼ》り！

あ，これおもしろい
これも，これも
拡散《かくさん》！
拡散《かくさん》！
拡散《かくさん》！

気軽《きがる》に拡散《かくさん》しない

SNS《エスエヌエス》のなかには、ほかの人《ひと》の投稿《とうこう》を拡散《かくさん》できる機能《きのう》がついているものもあるよ。かんたんに拡散《かくさん》できるから、気軽《きがる》に使《つか》ってしまいがちだけど、それはダメ。なかにはデマや悪口《わるぐち》もあるから、それらを拡散《かくさん》すると罪《つみ》に問《と》われることもあるんだ。よく考《かんが》えてから使《つか》うようにしよう。

問題《もんだい》
9

このなかでSNS《エスエヌエス》いじめになるものはどれかな？

むずかしさ★★★

A グループチャットで仲間外《なかまはず》れにする

クラスのなかま
あしたゲームセンターいこうぜ
いいよ
いこういこう
いつもの公園《こうえん》がいいな
じゃゲームセンターで決《き》まり
こいつのいうこと無視《むし》！

B グループチャットで自分《じぶん》の話《はなし》ばかりする

どんどんアップするぞ！
見《み》て！新《あたら》しいくつ買《か》っちゃった
かっこいいね
ぼうしも買《か》っちゃった

A～Dから、正《ただ》しいものをすべて選《えら》んでね

いこういこう
いつもの公園《こうえん》がいいな
じゃ ゲームセンターで決《き》まり
全開だったw
わたしの投稿《とうこう》なんでいいねしないの？
え，わかった するよ

答《こた》え

A・C・D

グループチャットで仲間外《なかまはず》れにする、友《とも》だちのはずかしい写真《しゃしん》を投稿《とうこう》する、「いいね」やコメントをせまる

SNS《エスエヌエス》いじめは相手《あいて》を深《ふか》くきずつける

直接会《ちょくせつあ》わなくても、友《とも》だちと会話《かいわ》が楽《たの》しめるSNS《エスエヌエス》。便利《べんり》だけれど、なかではいじめもおこっているんだ。グループチャットで仲間外《なかまはず》れにしたり、友《とも》だちのはずかしい写真《しゃしん》を投稿《とうこう》したり、「いいね」やコメントをせまったりすること。これは全部《ぜんぶ》SNS《エスエヌエス》いじめだよ。それに、SNS《エスエヌエス》いじめは親《おや》や先生《せんせい》に気《き》づかれにくいものだから、やられた人《ひと》は1人《ひとり》で悩《なや》みをかかえてしまうことになりやすい。いじめは絶対《ぜったい》にやってはいけないよ。

なにげない会話《かいわ》が
いじめに発展《はってん》する
こともあるぞ！

クイズ深掘《ふかぼ》り！

ま～ちゃん
@LOVE1234xyz
N子《こ》の変顔《へんがお》www
中学生《ちゅうがくせい》のときの写真《しゃしん》まだ残《のこ》ってる…

SNS《エスエヌエス》いじめは長《なが》い期間残《きかんのこ》ることも

SNS《エスエヌエス》いじめは、スマホがあればどこでも被害《ひがい》にあうから逃《に》げ場《ば》がないよ。それに、SNS《エスエヌエス》によっては、いじめの投稿《とうこう》やコメントがずっと残《のこ》るものもあるから、相手《あいて》は長《なが》い間苦《あいだくる》しめられることになるんだ。そういう面《めん》でも、SNS《エスエヌエス》いじめはとても悪質《あくしつ》なんだよ。

SNS《エス エヌ エス》いじめを見《み》かけたら

SNS《エスエヌエス》でいじめられている人《ひと》を見《み》かけたら、どうすればいいか、悩《なや》んでしまうかもしれない。そんなときは、まずおとなに相《そう》談《だん》するようにしよう。SNS《エスエヌエス》いじめは、自分《じぶん》1人《ひとり》で解決《かいけつ》するのはむずかしいから、おとなに協力《きょうりょく》してもらうのが一番《いちばん》なんだ。

SNS《エス エヌ エス》いじめを解決《かいけつ》する方法《ほうほう》

ねえ
いっしょにグループ
ぬけちゃわない？

いっしょにグループをぬける

もし友《とも》だちがSNS《エスエヌエス》でいじめられているのを見《み》かけたら、その友《とも》だちにSNS《エスエヌエス》のグループをぬけるようにすすめよう。

きみもそのグループに入《はい》っている場合《ばあい》は、友《とも》だちがぬけた後《あと》で、きみがかわりにいじめられる可能性《かのうせい》もある。だから、いじめられている友《とも》だちといっしょに、きみもグループをぬけるのが一番《いちばん》いいよ。だれかをいじめる人《ひと》がいるグループなんて、入《はい》っていても楽《たの》しくないからね。

家《いえ》の人《ひと》や先生《せんせい》に相談《そうだん》する

家《いえ》の人《ひと》や学校《がっこう》の先生《せんせい》など、身近《みぢか》なおとなに、SNS《エスエヌエス》でいじめられている人《ひと》がいることを伝《つた》えよう。そのとき、スマホを見《み》せて、会話《かいわ》の内容《ないよう》や、いじめの証拠《しょうこ》になる写真《しゃしん》などを確認《かくにん》してもらうといいよ。

友《とも》だちではなく、自分《じぶん》がいじめられているときも、おとなに相談《そうだん》することは大切《たいせつ》。SNS《エスエヌエス》いじめを解決《かいけつ》するためには、1人《ひとり》で悩《なや》まないことが重要《じゅうよう》だよ。

問題《もんだい》
10

買《か》ったマンガ。みんなに見《み》せるために写真《しゃしん》にとって投稿《とうこう》してもいいの？

むずかしさ★★★

A 自分《じぶん》で買《か》った本《ほん》ならOK《オーケー》

B 自分《じぶん》で買《か》った本《ほん》でもダメ

このマンガはわたしの作品《さくひん》！勝手《かって》にアップしちゃダメ！
そうだよね

答《こた》え
B
自分《じぶん》で買《か》った本《ほん》でもダメ

著作権《ちょさくけん》をおかすことに

たとえ自分《じぶん》で買《か》った本《ほん》でも、写真《しゃしん》にとってSNS《エスエヌエス》に投稿《とうこう》してはいけないよ。なぜなら著作権《ちょさくけん》をおかすことになるから。「著作《ちょさく》権《けん》」とは「作品《さくひん》を勝手《かって》に使《つか》われない権利《けんり》」のことで、本《ほん》を書《か》いた人《ひと》や出版《しゅっぱん》した会社《かいしゃ》がもっている権利《けんり》だよ。だから、その人《ひと》たちに断《ことわ》りもなく勝手《かって》に投稿《とうこう》するのは法律違反《ほうりついはん》。最悪《さいあく》の場合《ばあい》、うったえられたり、逮捕《たいほ》されたりすることもあるんだ。友《とも》だちにマンガを見《み》せたかったら、直接会《ちょくせつあ》って本《ほん》を貸《か》してあげよう。

自分《じぶん》の本《ほん》でも、投稿《とうこう》する権利《けんり》は自分《じぶん》にはないよ

クイズ深掘《ふかぼ》り！

ダメ！
ほしほし
@starstarxxx
アイドル
○○ちゃん
サイコー！

有名人《ゆうめいじん》の写真《しゃしん》も投稿《とうこう》してはダメ

タレントのポスターや、ライブで歌《うた》うアイドルなどを写真《しゃしん》にとって、SNS《エスエヌエス》に投稿《とうこう》するのもいけないよ。「肖像権《しょうぞうけん》」といって、「本人《ほんにん》に断《ことわ》りなく、すがたを撮影《さつえい》されたり公開《こうかい》されたりしない権利《けんり》」をおかすことになるからね。だから、撮影《さつえい》や投《とう》稿《こう》はしないで、見《み》て楽《たの》しむだけにしよう。

問題《もんだい》 11

無料《むりょう》でダウンロードできる動画《どうが》サイト。利用《りよう》してもいいの？

むずかしさ★★★

A 利用《りよう》してOK《オーケー》

B 利用《りよう》してはダメ

答《こた》え B 利《り》用《よう》してはダメ

サブスク
DVD《ディーブイディー》
映画館《えいがかん》
ちゃんとお金《かね》をはらって見《み》よう

違法《いほう》サイトは利用《りよう》するのも法律違反《ほうりついはん》

ふつうならお金《かね》をはらわないと見《み》られない映画《えいが》やアニメなどの動画《どうが》を、ただで見《み》られるサイトがあれば、だれだって利用《りよう》したくなるよね。でもそういうサイトは、違法《いほう》サイトの可能性《かのうせい》が高《たか》い。サイトの運営者《うんえいしゃ》だけでなく、それを利用《りよう》した人《ひと》も犯罪《はんざい》をおかしたことになってしまう場合《ばあい》があるんだ。だから、映画《えいが》などの作品《さくひん》は、映画館《えいがかん》やDVD《ディーブイディー》、サブスクの配信《はいしん》などで、きちんとお金《かね》をはらって見《み》よう。ただで見《み》るのは万引《まんび》きと同《おな》じだよ。

違《い》法《ほう》サイトに登《とう》録《ろく》すると、個《こ》人《じん》情《じょう》報《ほう》をぬすまれることもあるよ

クイズ深《ふか》掘《ぼ》り!

タダで見《み》られて
ラッキー!
お金《かね》がもらえないから作品《さくひん》がつくれない…

違法《いほう》サイトの悪影響《あくえいきょう》

映画館《えいがかん》やDVD《ディーブイディー》で、映画《えいが》を見《み》るためにはらうお金《かね》は、新《あたら》しい映画《えいが》をつくるための資金《しきん》になるんだ。もし、みんなが映画《えいが》をただで見《み》るようになったら、資金《しきん》がなくなって、新《あたら》しい映画《えいが》がつくれなくなってしまう。違法《いほう》サイトを利用《りよう》することは、映画《えいが》をほろぼすことにつながるんだよ。

問題《もんだい》 12 話題《わだい》になる動画《どうが》をつくって投稿《とうこう》したい！このなかでやってはいけないことは？

むずかしさ★★★

A コンビニのお弁当《べんとう》にいたずらする

B 立《た》ち入《い》り禁止《きんし》の場所《ばしょ》に入《はい》る

A～Dから、正《ただ》しいものをすべて選《えら》んでね

コンビニでいたずらしたw
廃墟《はいきょ》を探険《たんけん》楽《たの》しー!
電車《でんしゃ》のなかでおもしろい人《ひと》を発見《はっけん》!
zzz

答《こた》え

A・B・D

コンビニのお弁当《べんとう》にいたずらする、立《た》ち入《い》り禁止《きんし》の場所《ばしょ》に入《はい》る、電車《でんしゃ》のなかでかくしどりする

やっていいことかどうか、しっかり考《かんが》えよう!

軽《かる》い気《き》もちでも重大《じゅうだい》な犯罪《はんざい》になる

　お店《みせ》の品物《しなもの》にいたずらしたり、立《た》ち入《い》り禁止《きんし》の場所《ばしょ》に入《はい》ったり、他人《たにん》をかくしどりしたりするのは、まわりに迷惑《めいわく》をかける行動《こうどう》で犯罪《はんざい》になるよ。だから絶対《ぜったい》にやってはダメ。そして、そんな行動《こうどう》を動画《どうが》にとってSNS《エスエヌエス》に投稿《とうこう》すると、たくさんの人《ひと》を不愉快《ふゆかい》にさせて、より多《おお》くの人《ひと》に迷惑《めいわく》をかけてしまうんだ。いくら話題《わだい》になる動画《どうが》をつくりたいからといって、軽《かる》いのりでこんなことをすると、とり返《かえ》しのつかない結果《けっか》になるんだよ。

クイズ深掘《ふかぼ》り!

賠償金《ばいしょうきん》
1億《おく》円《えん》

悪質《あくしつ》な動画《どうが》を投稿《とうこう》すると

　お店《みせ》の品物《しなもの》にいたずらする動画《どうが》を投稿《とうこう》して、高額《こうがく》の賠償金《ばいしょうきん》を請求《せいきゅう》されたというニュースはあとを絶《た》たないよ。一生《いっしょう》かかってもはらいきれない金額《きんがく》だから、その人《ひと》は、たった一度《いちど》のいたずらで人生《じんせい》を台無《だいな》しにしたことになる。そんなことにならないよう、よく考《かんが》えて動画《どうが》をとろう。

炎上《えんじょう》してしまったら

よくない投稿《とうこう》をすると、大勢《おおぜい》の人《ひと》から非《ひ》難《なん》や攻撃《こうげき》を受《う》ける場合《ばあい》がある。その状態《じょうたい》を「炎上《えんじょう》」というよ。炎上《えんじょう》すると、自分《じぶん》の個人《こじん》情報《じょうほう》を調《しら》べられてネットにさらされるなど、大問題《だいもんだい》に発展《はってん》する可能性《かのうせい》もあるんだ。炎上《えんじょう》したときの対応《たいおう》をおぼえておこう。

炎上《えんじょう》したときにするべきこと

家族《かぞく》に相談《そうだん》する

自分《じぶん》の投稿《とうこう》が炎上《えんじょう》してしまったら、まずは家《いえ》の人《ひと》に相談《そうだん》しよう。とくにお店《みせ》やだれかに迷惑《めいわく》をかけてしまったときは、素直《すなお》にうちあけて、どうすればいいかをいっしょに考《かんが》えてもらおう。

ネット上《じょう》で多《おお》くの人《ひと》を不愉快《ふゆかい》にさせた場合《ばあい》

特定《とくてい》の人《ひと》に迷惑《めいわく》をかけた場合《ばあい》

あやまって、落《お》ちつくのを待《ま》つ

短《みじか》い文《ぶん》で誠実《せいじつ》にあやまったら、なにもせず、落《お》ちつくのを待《ま》つようにしよう。自分《じぶん》を非難《ひなん》するコメントに反論《はんろん》すると、かえって多《おお》くの人《ひと》の反感《はんかん》をまねいて、炎《えん》上《じょう》がひどくなる可能性《かのうせい》があるよ。

すぐにあやまりにいく

特定《とくてい》の人《ひと》やお店《みせ》に迷惑《めいわく》をかけたときは、すぐにあやまりにいこう。場合《ばあい》によっては、裁判《さいばん》などになって、こどもには手《て》に負《お》えなくなることもある。それでも、きちんと反《はん》省《せい》してあやまることが大事《だいじ》なんだよ。

問題《もんだい》13

動画《どうが》の再生《さいせい》ボタンをクリックしたら お金《かね》を請求《せいきゅう》された！ どうしよう？

むずかしさ★★★

A お金《かね》をはらう

B お金《かね》ははらわない

答《こた》え B お金《かね》ははらわない

詐欺《さぎ》サイトなので無視《むし》しよう

ネット上《じょう》の動画《どうが》サイトには、再生《さいせい》ボタンをクリックしただけで、お金《かね》を請求《せいきゅう》するメッセージが出《で》るものもあるよ。その正体《しょうたい》は詐欺《さぎ》サイト。メッセージで不安《ふあん》にさせて、お金《かね》をふりこませるのがねらいなんだ。だから、詐欺《さぎ》の被害《ひがい》にあわないためには、メッセージを無視《むし》してお金《かね》をはらわないのが一番《いちばん》。もし相手《あいて》が、「こちらの住所《じゅうしょ》を知《し》っている」とか「裁判所《さいばんしょ》にうったえる」とかいってきても、全部《ぜんぶ》うそだから気《き》にしなくていいんだよ。

どうしても不安《ふあん》なときは警察《けいさつ》などに相談《そうだん》しよう！

クイズ深《ふか》掘《ぼ》り！

ワンクリック詐欺《さぎ》に注意《ちゅうい》

動画《どうが》の再生《さいせい》ボタンのほかに、URL《ユーアールエル》をクリックさせて高額《こうがく》な支《し》はらいを求《もと》めてくる詐欺《さぎ》もあるよ。これらは「ワンクリック詐欺《さぎ》」といい、「当選《とうせん》しました」「今《いま》なら無料《むりょう》」などの魅力的《みりょくてき》なことばでクリックをさそってくるよ。だまされないためにも、かんたんにクリックしないようにしよう。

問題《もんだい》14 携帯《けいたい》電話《でんわ》会社《がいしゃ》から重要《じゅうよう》メールが届《とど》いた！ ログインしたほうがいいの？

むずかしさ★★★

A ログインする

B ログインしない

よし ひっかかった!
ID《アイディー》とパスワードゲット!
公式《こうしき》の
ホームページから
確認《かくにん》しよう

答《こた》え B ログインしない

にせのメールなのでURL《ユーアールエル》をクリックしない

携帯会社《けいたいがいしゃ》や通販《つうはん》サイトのふりをして、重要《じゅうよう》メールを送《おく》ってくる詐欺《さぎ》の手口《てぐち》があるよ。メールにあるURL《ユーアールエル》をクリックするとログインする画面《がめん》にうつり、そこでID《アイディー》やパスワードなどを入力《にゅうりょく》するように指示《しじ》してくるんだ。もし、その指示《しじ》にしたがうと、大事《だいじ》な個人情報《こじんじょうほう》がぬすまれてしまうよ。重要《じゅうよう》メールが届《とど》いたら、そのURL《ユーアールエル》からログインせずに、正《ただ》しいサイトにアクセスして、メールが本物《ほんもの》かどうかを確認《かくにん》しよう。

重要《じゅうよう》メールが届《とど》いたら、家《いえ》の人《ひと》にも見《み》てもらおう!

クイズ深掘《ふかぼ》り!

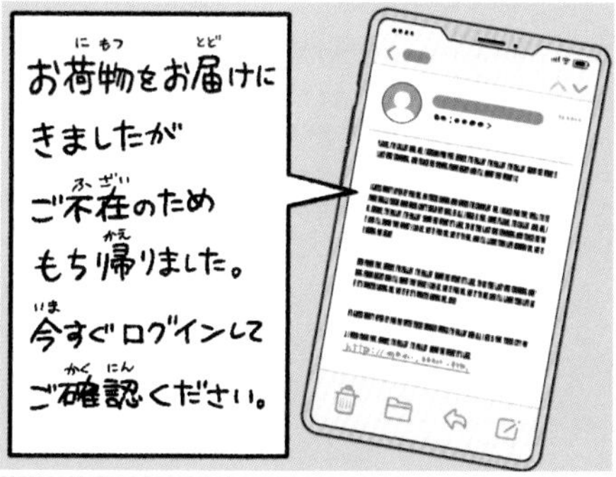
お荷物《にもつ》をお届《とど》けに
きましたが
ご不在《ふざい》のため
もち帰《かえ》りました。
今《いま》すぐログインして
ご確認《かくにん》ください。

フィッシング詐欺《さぎ》に注意《ちゅうい》

にせものメールのURL《ユーアールエル》からログインさせて、個人情報《こじんじょうほう》をぬすもうとする詐欺《さぎ》を「フィッシング詐欺《さぎ》」というよ。「アカウントが使《つか》えなくなる」「荷物《にもつ》が配達《はいたつ》できない」など、「すぐにログインしないとたいへん!」と思《おも》わせる内容《ないよう》のメールを送《おく》ってくるから、落《お》ちついて対応《たいおう》しよう。

問題《もんだい》 15 無料《むりょう》でダウンロードしたオンラインゲーム。お金《かね》がかかることはない？

むずかしさ★★★

A お金《かね》がかかることがある

B お金《かね》はいっさいかからない

答《こた》え

A お金《かね》がかかることがある

アイテムは有料《ゆうりょう》の場合《ばあい》がある

オンラインゲームには、無料《むりょう》でダウンロードできるものがたくさんあるよ。でも、じっさいにゲームを進《すす》めていると、アイテムなどを手《て》に入《い》れるのに、お金《かね》がかかることが多《おお》いんだ。

アイテムがなくても遊《あそ》べるけれど、それだと敵《てき》をたおすのがむずかしくなったり、つぎのステージになかなか進《すす》めなかったりする。こんなふうに、ゲーム会社《がいしゃ》はお金《かね》をはらってもらうために、途中《とちゅう》でお金《かね》をはらいたくなるくふうをしているんだ。

ゲームのなかでもお金《かね》を使《つか》うときは、家《いえ》の人《ひと》に相談《そうだん》しよう!

クイズ深掘《ふかぼ》り!

お金《かね》の使《つか》いすぎに注意《ちゅうい》

無料《むりょう》で始《はじ》めたゲームなのに、敵《てき》をたおすのに夢中《むちゅう》になって、有料《ゆうりょう》のアイテムをどんどん買《か》ってしまうこともあるよ。その結果《けっか》、はらいきれないような高額《こうがく》の請求書《せいきゅうしょ》が届《とど》くこともあるんだ。たとえゲームのなかで使《つか》うお金《かね》でも、それは本物《ほんもの》のお金《かね》。使《つか》いすぎは絶対《ぜったい》にやめよう。

問題《もんだい》
16

なかよくなったゲームの仲間《なかま》どうしでやってはいけないことって？

むずかしさ★★★

A 名前《なまえ》や年《ねん》れいを教《おし》えあう

B 好《す》きなゲームを教《おし》えあう

ヒマリン
こんにちは わたしはヒマリ 11才《さい》
テルテル
ぼくはてるお 15才《さい》になったよ
ドラゴン
ヒマリン
ヒマリン
〇〇っていうゲーム おもしろいよ
テルテル
あっ 知《し》ってる ぼくは△△△が好《す》きだよ

A〜Dから、正《ただ》しいものをすべて選《えら》んでね

C じっさいに会《あ》う

こんにちは
ヒマリンです
はじめまして
テルテルです

テルテル

D アカウントを貸《か》し借《か》りする

テルテル
アカウントを貸《か》してくれたら
レベル上《あ》げをしてあげるよ
ヒマリン
ほんと？
じゃあ お願《ねが》いするね

身《み》の危険《きけん》がある!
ヒマリン
こんにちは
わたしはヒマリ 11才《さい》
テルテル
ぼくはてるお
15才《さい》になったよ
こんにちは
ヒマリンです
はじめまして
テルテルです
個人情報《こじんじょうほう》がもれる!
テルテル
アカウントを貸《か》してくれたら
レベル上《あ》げをしてあげるよ
ヒマリン
ほんと?
じゃあ お願《ねが》いするね
アカウントが乗《の》っとられる!

答《こた》え

A·C·D

名前《なまえ》や年《ねん》れいを教《おし》えあう、じっさいに会《あ》う、アカウントを貸《か》し借《か》りする

犯罪《はんざい》にまきこまれることも

オンラインゲームでは、協力《きょうりょく》してゲームを進《すす》めることがあるから、SNS《エスエヌエス》以上《いじょう》に相手《あいて》となかよくなることもあるよ。だからといって、名前《なまえ》や年《ねん》れいなどの個人情報《こじんじょうほう》を教《おし》えてはダメ。悪用《あくよう》される可能性《かのうせい》があるからね。じっさいに会《あ》うのも、SNS《エスエヌエス》と同《おな》じく、いろいろな犯罪《はんざい》にあうおそれがあるよ。アカウントを貸《か》すのも、乗《の》っとりの被害《ひがい》にあうことがあるんだ。オンラインゲーム上《じょう》にも、悪《わる》いことをたくらむ人《ひと》がいることを忘《わす》れないようにしよう。

ゲームでも、知《し》らない相手《あいて》には要注意《ようちゅうい》!

クイズ深《ふか》掘《ぼ》り!

そのゲーム
ぼくの○○小《しょう》でも
はやってるよ

ボイスチャットの落《お》とし穴《あな》

プレイ中《ちゅう》に音声《おんせい》で会話《かいわ》ができるボイスチャット機能《きのう》のついたオンラインゲームもある。文字《もじ》だけでの会話《かいわ》より相手《あいて》と話《はな》しやすいから、ついおしゃべりになって、学校《がっこう》の話題《わだい》など、自分《じぶん》の個《こ》人情報《じんじょうほう》につながることを話《はな》してしまうこともあるんだ。大事《だいじ》なことは話《はな》さないようにしよう。

ゲームはルールを守《まも》って遊《あそ》ぼう

ゲームで遊《あそ》ぶときは、守《まも》らなければならないルールがあるよ。そのルールを忘《わす》れてしまうと、からだをこわしたり、いろいろなトラブルをまねいたりする危険《きけん》があるんだ。ゲームを始《はじ》める前《まえ》に、家《いえ》の人《ひと》とルールをよく確認《かくにん》しよう。

ゲームは
よる6時《じ》から7時《じ》まで
リビングでやる

時間《じかん》と場所《ばしょ》を決《き》める

ゲームをやりすぎると、からだをこわすことがあるよ。だから「午後《ごご》6時《じ》から1時間《じかん》、リビングでやる」など、時間《じかん》と場《ば》所《しょ》を決《き》めておこう。やりすぎないように、家《いえ》の人《ひと》から見《み》える場所《ばしょ》でやろうね。

お金《かね》を使《つか》うときは家《いえ》の人《ひと》に相談《そうだん》

ゲームのアイテムなどでお金《かね》を使《つか》いたいときは、必《かなら》ず家《いえ》の人《ひと》に相談《そうだん》しよう。相談《そうだん》せずに勝手《かって》にお金《かね》を使《つか》うことはトラブルのもと。絶《ぜっ》対《たい》にやってはいけないよ。家《いえ》の人《ひと》のOK《オーケー》がもらえなかったら、がまんしようね。

ゲームのアイテムがほしいんだけど

ID《アイディー》
○○○○○
パスワード
******

ID《アイディー》とパスワードは人《ひと》に教《おし》えない

ゲームで使《つか》うID《アイディー》やパスワードも大事《だいじ》な個《こ》人情報《じんじょうほう》だよ。うっかりほかの人《ひと》に教《おし》えると、トラブルや犯罪《はんざい》にまきこまれる可能性《かのうせい》もあるんだ。絶対《ぜったい》にほかの人《ひと》には教《おし》えないようにしよう。

エピローグ　知識《ちしき》を身《み》につけることが防犯《ぼうはん》に！

お昼休《ひるやす》み
キャッ
キャッ
ヒマリ！
その後《ご》、スマホはどう？
あ、
アサヒ！
すごく楽《たの》しい！
おしゃれな
動画《どうが》を見《み》たり
友《とも》だちとおしゃべりしたり
してるよ
マキ
これ
おもしろいよ！
ほんとだ！
あと
これも
でも…
ん？
どうしたの？
じつは
SNS《エスエヌエス》で「会《あ》おうよ」って
さそわれたことも
あって…
こわいから
会《あ》わなかったんだよね…
今度《こんど》の日曜日《にちようび》
いっしょにショッピングにいかない？
あなたに似合《にあ》う服《ふく》
選《えら》んであげるわ

そっか…
やっぱり安全《あんぜん》に スマホを使《つか》うには
ちゃんと知識《ちしき》を もたないといけないって わかった！
えらいなヒマリ ちゃんと考《かんが》えてて
ほんと いろんなトラブルが おこりそうになるよ…
あ、そうだ！ SNS《エスエヌエス》にあげたら みんな見《み》られるよね
映画《えいが》をタダで 見《み》られるサイト発見《はっけん》！
おー！ すごい！
コクッ
自分《じぶん》を守《まも》るためにも 人《ひと》に迷惑《めいわく》をかけないためにも しっかり知識《ちしき》を身《み》につけていこう！

まとめて知《し》りたい！

防犯《ぼうはん》のポイント

スマホやSNS《エスエヌエス》を楽《たの》しむときには、気《き》をつけなければいけないことがたくさんあるよ。最後《さいご》に注《ちゅう》意《い》するポイントをまとめたから、よく読《よ》んでおこう。これらをしっかり守《まも》って、安全《あんぜん》に楽《たの》しくスマホやSNS《エスエヌエス》を使《つか》おうね。

自分《じぶん》の身《み》を守《まも》るために大事《だいじ》なことだよ

個人情報《こじんじょうほう》のあつかいに注意《ちゅうい》

個人情報《こじんじょうほう》は、その人《ひと》のことを特定《とくてい》できるとても大事《だいじ》なもの。もしほかの人《ひと》に知《し》られると、危《き》険《けん》な目《め》にあう可能性《かのうせい》もあるよ。だから、あつかいには十分《じゅうぶん》に注意《ちゅうい》しなければいけないんだ。

いろいろな個人情報《こじんじょうほう》

- 名前《なまえ》
- 住所《じゅうしょ》
- 電話番号《でんわばんごう》
- メールアドレス
- SNS《エスエヌエス》のID《アイディー》・パスワード
- 生年月日《せいねんがっぴ》・年《ねん》れい
- 通《かよ》っている学校《がっこう》
- 最寄《もよ》り駅《えき》

など

個人情報《こじんじょうほう》がもれると…

あやしいメールやメッセージがたくさん届《とど》くようになったり、SNS《エスエヌエス》のアカウントが乗《の》っとられたりしてしまうよ。

写真《しゃしん》にも個人情報《こじんじょうほう》が…

写真《しゃしん》に写《うつ》っているものから、自分《じぶん》の家《いえ》の住所《じゅうしょ》や、自分《じぶん》が通《かよ》っている学校《がっこう》などが知《し》られてしまうこともあるよ。

自分《じぶん》の身《み》を守《まも》るために

SNS《エスエヌエス》はいろいろな人《ひと》が利用《りよう》しているよ。なかには悪《わる》い人《ひと》もいて、SNS《エスエヌエス》を通《とお》してきみの個人情《こじんじょう》報《ほう》をぬすもうとしたり、犯罪《はんざい》にまきこもうとしたりすることもあるんだ。十分気《じゅうぶんき》をつけよう。

SNS《エスエヌエス》で気《き》をつけること

パスワードは ふくざつなものに

自分《じぶん》の名前《なまえ》や誕生日《たんじょうび》など、ほかの人《ひと》にばれやすい文字《もじ》や数字《すうじ》は使《つか》わないようにしよう。自分《じぶん》と関係《かんけい》のない文字《もじ》や数字《すうじ》や記号《きごう》を組《く》みあわせた、ふくざつなものが安全《あんぜん》だよ。

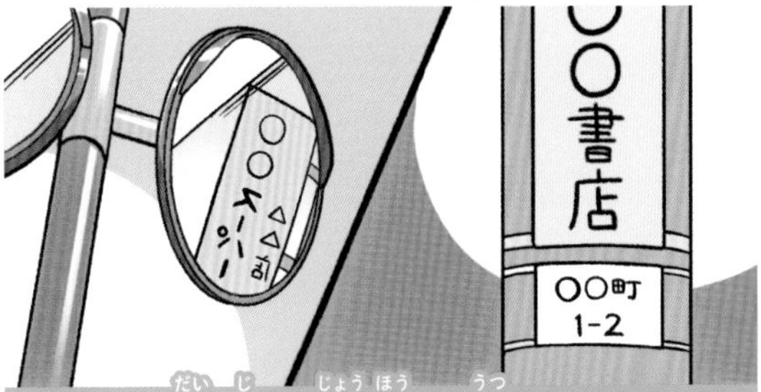

大事《だいじ》な情報《じょうほう》が写《うつ》った 写真《しゃしん》は投稿《とうこう》しない

電信柱《でんしんばしら》やお店《みせ》の看板《かんばん》などには、その場所《ばしょ》が特定《とくてい》できる大事《だいじ》な情報《じょうほう》がふくまれているよ。それらが写《うつ》っている写真《しゃしん》を投稿《とうこう》していると、きみの行動範囲《こうどうはんい》がばれてしまうよ。

個人情報《こじんじょうほう》を教《おし》えたり、写真《しゃしん》を送《おく》ったりしない

SNS《エスエヌエス》で知《し》りあった人《ひと》に、自分《じぶん》の名前《なまえ》や住所《じゅうしょ》、年《ねん》れいなどを教《おし》えたり、自分《じぶん》の写真《しゃしん》を送《おく》ったりするのは絶対《ぜったい》にやめよう。もし相手《あいて》が悪《わる》い人《ひと》だと、悪用《あくよう》されるおそれがあるんだ。

SNS《エスエヌエス》で知《し》りあった人《ひと》とは 絶対《ぜったい》に会《あ》わない

やさしそうな人《ひと》でも、SNS《エスエヌエス》で知《し》りあった人《ひと》とは絶対《ぜったい》に会《あ》ってはいけないよ。SNS《エスエヌエス》では相手《あいて》がどんな人《ひと》かわからないから、やさしいふりをした悪《わる》い人《ひと》の可能性《かのうせい》もあるんだ。

お金《かね》の被《ひ》害《がい》をさける

スマホのゲームでは、つい大金《たいきん》を使《つか》ってしまうトラブルがおこっているよ。そしてSNS《エスエヌエス》では詐欺《さぎ》のメッセージが届《とど》く事件《じけん》がおこっている。こんなことをさけるために、十分注意《じゅうぶんちゅうい》しよう。

ゲームやSNS《エス エヌ エス》でお金《かね》のトラブルにならないために

ゲームの課金《かきん》はルールを決めて

スマホのゲームでお金《かね》を使《つか》いたいときは、必《かなら》ず家《いえ》の人《ひと》に相談《そうだん》しよう。だまって勝手《かって》にお金《かね》を使《つか》ってはいけないよ。使《つか》っていい金額《きんがく》の限度《げんど》を、前《まえ》もって家《いえ》の人《ひと》と決《き》めておいてもいいね。ルールを守《まも》って、ゲームでお金《かね》を使《つか》いすぎないようにしよう。

無料《むりょう》のゲームにも課金《かきん》がある

スマホのゲームには、はじめはお金《かね》がかからなくても、しだいに強《つよ》くなる敵《てき》に勝《か》つために、アイテムを買《か》わなければならないなど、途中《とちゅう》でお金《かね》が必要《ひつよう》になるものも多《おお》いんだ。ゲームを続《つづ》けたくて、ついお金《かね》を使《つか》ってしまうこともあるから、注意《ちゅうい》しよう。

クリックをさそう詐欺《さぎ》に注意《ちゅうい》

SNS《エスエヌエス》で、あやしいメッセージが届《とど》くことがあるよ。重要《じゅうよう》なお知《し》らせや、お得《とく》なお知《し》らせと書《か》いてあるけど、ほとんどの場合《ばあい》が詐欺《さぎ》なんだ。言葉《ことば》につられて、ついクリックしそうになるけれど、絶対《ぜったい》にダメ。後《あと》で高額《こうがく》のお金《かね》を請求《せいきゅう》されるよ。

SNS《エスエヌエス》で迷惑《めいわく》をかけないために

SNS《エスエヌエス》では、犯罪《はんざい》の被害《ひがい》にあうだけでなく、自分《じぶん》が犯罪《はんざい》をおかしてしまう危険《きけん》もある。悪気《わるぎ》がなくても、他人《たにん》に迷惑《めいわく》をかけたり、罪《つみ》をおかしたりしてしまうことがあるから気《き》をつけよう。

SNS《エスエヌエス》で絶対《ぜったい》にやってはいけないこと

違法《いほう》な投稿《とうこう》やダウンロード

マンガ本《ぼん》の中身《なかみ》を写真《しゃしん》にとって投稿《とうこう》したり、違法《いほう》なサイトと知《し》りつつ映画《えいが》をダウンロードしたりするのは犯罪《はんざい》だよ。作者《さくしゃ》の権利《けんり》（著作《ちょさく》権《けん》）を守《まも》る法律《ほうりつ》に違反《いはん》することだから、やってはいけないんだ。

デマの拡散《かくさん》

SNS《エスエヌエス》には、うらづけのないウソの情報《じょうほう》がたくさん投稿《とうこう》されているよ。それをうのみにして拡散《かくさん》するのは、きみ自身《じしん》がデマを広《ひろ》げる一員《いちいん》になるということ。場合《ばあい》によっては法律違反《ほうりついはん》になることもある。絶対《ぜったい》にやめよう。

悪質《あくしつ》動画《どうが》の投稿《とうこう》

みんなに注目《ちゅうもく》される動画《どうが》をとりたいからといって、お店《みせ》で悪《わる》ふざけなんかしちゃいけないよ。そしてその動画《どうが》を投稿《とうこう》するのもダメ。多《おお》くの人《ひと》にたいへんな迷惑《めいわく》をかけてしまうよ。

SNS《エスエヌエス》いじめ

だれかの悪口《わるぐち》をSNS《エスエヌエス》に投稿《とうこう》したり、グループチャットでだれかを仲間外《なかまはず》れにしたりするのはSNS《エスエヌエス》いじめだよ。いじめられた人《ひと》がとてもきずつくから、けっしてやってはいけないよ。

NDC368.6
どっちを選ぶ？クイズで学ぶ！
こども防犯サバイバル
③スマホ・SNS
監修・国崎信江
日本図書センター
2024年　56P　23.7cm×18.2cm

▲監修者

国崎 信江（くにざき・のぶえ）

危機管理教育研究所代表。危機管理アドバイザー。女性・母親の視点から防犯・防災対策を提案し、全国で講演するほか、テレビ・新聞・雑誌を通じて普及啓発をしている。メディア出演多数。おもな著書・監修書に『狙われない子どもにする！ 親がすべきこと39』（扶桑社）、『こどもあんぜん図鑑』（講談社）、『こどもぼうはんルールブック おまもりえほん』『じぶんをまもるチカラがみにつく！ ぼうはんクイズえほん』（ともに日本図書センター）など。

▲イラスト　ナガラヨリ
▲ブックデザイン　ムシカゴグラフィクス（池田彩）
釣巻デザイン室
▲DTP　有限会社エムアンドケイ（茂呂田剛・畑山栄美子）
▲編集　大沢康史
▲企画・編集　株式会社 日本図書センター

※本書で紹介した内容は、
2023年11月時点での情報をもとに制作しています。

どっちを選《えら》ぶ？ クイズで学《まな》ぶ！
こども防《ぼう》犯《はん》サバイバル
③スマホ・SNS《エスエヌエス》

2024年1月25日　初版第1刷発行

監修者　国崎信江
発行者　高野総太
発行所　株式会社日本図書センター
〒112-0012 東京都文京区大塚3-8-2
電話　営業部　03-3947-9387
出版部　03-3945-6448
HP　https://www.nihontosho.co.jp

印刷・製本　図書印刷 株式会社

ISBN978-4-284-00132-8 C8337（第3巻）